그리운 금강산

최혜령 시집

시와사람

그리운 금강산

■ 시인의 말

한때 시에 빠진 적이 있다.
어떤 계기가 되어 아쉽게도 시를 그만 두었다.
그러다가 지난 해 부터 시를 쓰기 시작했다.
다시 시를 쓸 수 있어 다행이다.
살면서 많은 사람들에게 마음의 빚을 졌다.
그 분들에게 내 마음을 드리고자 한다.
그리고 시의 길을 이끌어주신 강경호 시인께
고마운 말씀을 올린다.

2021년 봄날, 최혜령

차 례

2 꽃밭에서

3 별들의 속삭임

4 고인돌 위에 뜬 별

1

그리운 금강산

그리운 금강산

신선봉 돌아들 때
선녀의 옷깃이 나부끼듯 연꽃잎도 깃을 연다.

한 겨레 얼이 서린 열두 폭 가슴인데
굽이굽이 저며오는
저 물줄기는
오일 십일 열고 닫는 진주알이 총총하다.

금강은 영산이라,
일만이천 봉봉이도 비쳤으니
옥부용을 깎아낸 듯 도통 군자 품속인 듯
뼈대는 개골(皆骨),
영혼은 제 흥에 겨워 속 뚫린 혈망봉도 절로 웅기된다.

비상천의 만폭동 천길 은하수라.
아, 옥 무지개 걸어둔 시선(詩仙)의 자취인 양
봉래풍악원화동천(蓬萊楓嶽元化洞天)*이라

운무 속 보덕암도 한 폭의 산수인가.

*봉래풍악원화동천 : 양사언의 글씨. 금강산의 으뜸가는 골, 만폭동을 뜻함.

여백을 위해

소나무 그늘 아래 펼쳐진 바다

파초잎 날개 사이로 떨군
빗방울의 시구들도 파도치듯 부서진다.
쪽빛 가슴에서 그 푸른 수평선까지

무지개 피고 진 섬기슭 저편
천년 돌틈 사이 조각구름 피어나듯
묵향 깊은
삶의 여백을 위해 숨죽인 시간,
그리움 맞닿은 곳으로
철새가 날아오른다.

섬

섬과 섬 사이를 노 저어갈 때
흰 돛을 올린다.

하늘과 맞닿은 수평선,
은비늘 퍼덕이는 어망 가득 삶의 무게로
소금빛 새벽을 여는 어부의 창이 보인다.

검은 톳의 머리털로 휘감긴 섬기슭에 닿아
살포시 닻을 내려 긴 물살을 접을 때

동굴 속 울려퍼진 소라고둥의 메아리 저편

산호초 그늘 아래 숨겨놓은
진주의 알이 있다.
용궁 속 해인(海印)의 조화로 잉태된 영혼.

바다의 현(絃)을 켜다

이제 첫 발을 디딜 때

그는 파도를 끌어올리듯 지휘봉을 들었다
허공 속 빛의 영혼을 잡듯이
물을 모으고 추스르고 흩뿌린다.

첫 선율은 흰 돛을 올리는 오보에
퍼덕이는 건반의 물살 위
은비늘의 물고기 떼가 날아오른다.

바다의 현(絃)을 위한 활을 당기고
모자반의 검은 머리채로 휘적신 해초숲,
밀려드는 그의 숨결을 받아들일 때
귓불에 찍힌 조가비의 진주알이 불을 켠다.

무등산(無等山)

철쭉 흐드러진 백마 능선을 따라 걸었다.
바람은 바람끼리 자유롭다, 영혼은 무등등이요

석양빛 수정병풍 둘러친 서석대 돌아

구름은 구름끼리 안고 도는 길
신선이 운학을 타고 내려앉는 입석대까지

우주의 무등은 무등산 자락에서 시작된다.

별이 떨어지는 반야 언덕 가는 길에
돌기둥 우뚝 선 규봉암도 운무 속 무등인가.

무지개

모악산 돌아들 때

연못에 비친 구름 조각
이슬 깨친 물풀의 깃털 사이 떠돌다
솜털 구름 언저리, 숲 가장자리 둘러핀
구절초 꽃무리에 휘감긴다.

물방울로 엮은 불의 소용돌이 같은 샘,
사막 끝에서 길어올린 영혼의 샘처럼
한줄기 여명이 치솟는다.

산정 너머
아름드리 원을 그리듯
그대 품에서 태어나
우주 속의 태을을 그리듯이 피어오르는
무지개여.

오봉산

그 싹을 틔운 건 오봉산의 바람

대지와 맞닿은 손길로
다섯손가락에 묻힌 흙내음 속으로 파고든 숨,
약초 뿌리의 심지를 돋운 건 오행 중 불씨다.

운을 돌리는 바람의 음조
내적 혈을 뚫고 나오는 시구처럼 자유롭다.

벼랑 끝 숨긴 전설 속
그 마지막 꽃잎이 지기까지
지는 석양을 붙드는 빼저린 손의 외침, 그의 생명
아, 봉우리 뒤로 불붙는 심장의 놀이 부서진다.

일출(日出)

둥근 알이 솟아오른다.

열두 줄 가얏고의 현(絃)이 빚는 울림 속
얼음 화석을 뚫는 우륵(于勒)의 창(窓)

손과 심장 온 몸으로 풀어헤친
기 붉은 함성
양수(羊水)를 깨치고 부화하기까지

영혼이 밝아지는 새소리다.

일몰(日沒)

숲이 가라앉는다.

낙조의 창(窓)에 부서진 심장

횃불을 든 사람들의 혼령이
혜초의 길을 찾는다.

서역정토
끓어오르는 쥐불의 비단길 따라
반디의 꿈이 펼치는 순간

태을성(太乙星)이 눈을 뜬다.

바람의 길

백지 위에 뒹구는 모음 자음이
한 몸 되어 밀려든다.

모래는 모래를 낳고
바람은 불을 뿜어낸 듯
관솔불 튀는 화덕가
조상 대대로 지킨 불씨의 꽃이 핀다.

짚신 한 켤레 닳도록
삶과 죽음을 밟으며 타고 간
백두대간의 길 따라

태을성의 맥이 펼치는 은하(銀河)의 강,
흰 옷자락이 펄럭인다.

빙하가 녹고 있다

정읍(井邑)의 우물가에 핀 돌이끼,
뒤틀린 모과나무의 뼈대를 감아 올라간
혼령들의 그림자 따라

돌담을 끼고 흐르는 개울가
영혼이 맑아지는 물소리다.

물속에 비친 방주를 거슬러

얼음 동굴에 피어오른 샘
백골(白骨)의 숨결로 씻긴
물을 마신다.

어둠을 뚫고
빙하가 녹고 있다.

무인도에서 지샌 밤

파도와 바람은 하나 되어
거북 알을 낳는다.

휘모리로 젓는 소용돌이 속
갈고 씻긴 뼈마디로 얼룩진 등딱지에는
푸른 구슬

벼랑 끝
등대 향한 발돋움으로
밤새 탈춤을 추는 해송(海松)의 그림자 따라

달의 그물을 펼친 섬
뿌리 깊은 넋이 별 되어 쏟아진다.

두문동(杜門洞) 연가

별이 떴네요, 총총
그대 창가에

어둠의 적막을 깨고
나의 창에도 별은 뜨는가.

옛 사립문에 기대어 별 헤던
영혼의 눈동자로 살다
박넝쿨 긴 그림자 밟으며 임 떠난 뒤
심장 없이도 숨쉴 수 있는가.

은하수 찬 물결 헤치고 띄운 종이배 한 폭
우리는
빛바랜 역사의 한 장을 접었다.

고향

까치도 울어예는
천년 세월 지킨 터자리

첩첩 봉우리 휘휘 돌아
솔잎 사이 비낀 날개깃도
묵향 깊은 그루터기 위
마지막 일획을 찍었다.

이내 성심 지극터니
묵은 나무 꽃이 피나.

들창 너머
파초의 꿈을 펼치는 푸른 잎사귀도
가슴 속 떨구는 빗소리에 귀기울인다.

山上吟

북소리 울려퍼진 옛 산사의 날은 밝아
긴 밤 지샌 합장인 양 돌틈 사이 피는 꽃
동천을 밝히는 가슴 휘영청 솟은 봉아

약수에 비치일 듯 아롱지는 풍경 소리
휘황한 산마루터 뿌리 깊은 묘석인데
녹음진 어깨 너머로 옛 임의 퉁소 가락

산골짝 굽이굽이 깊어가는 임의 숨결
열두폭 실구름 속 얼비친 도포자락
우러러 솟구쳐 올라 닿고 싶은 옛 자취여.

돌아가는 길에

너릿재 돌아가는 산길

눈물 아롱아롱
가슴 속에 동그랗게 피어나는 산수국 한 떨기

갓 핀 꽃잎은 여덟 송이,
원형이정 돌아가는 삶과 죽음의 볼레로다.

감로수 떨어지는 첫 새벽
둥근 원반을 밟듯이
꽃잎은 서서히 깨어나고 있다.

미학

창을 열면 봉우리

물과 눈물로 씻긴 가슴에
저리 눈부시게 아름답다.

때로 마음 가는 대로 흘러가고
보고 싶은 대로 보고 싶다.

뜨거운 감자 먹는 사람들처럼
등불 아래 소박한 삶 무르익어갈 때
시인으로 그대 만난 건 작은 행복이다.

때로 경전을 보듯
죽음조차
영혼을 위한 달의 등불을 켜고 싶을 때.

2

꽃밭에서

꽃밭에서

그가 숲으로 돌아왔다.

능선을 타고
소나무 그늘 아래
난초 잎사귀 사이로 난
작은 오솔길로

“난 이 자리가 좋아요.”

세 개의 바위틈 사이로
새벽이 부서진 뒤
노오란 국화는 웃었다.

신선한 띠자리,
오십로로 수놓은 별자리 같은
꽃밭에서
그는 푸른 옷을 입고 있었다.

자연에 기대어

자연의 품에 기대어
때로 삶도 무르익어간다.

녹음진 수풀과 잎잎 사이
쪽빛 계절의 책장을 넘기면
아, 그는
숲을 가르는 외줄기 폭포수다.

부서지는 은빛 파편과 물보라의 숨결 모아
흘러흘러 흐르다
가슴 속 둥근 못이 되고
태고적 용솟음치는 용소가 되고
너른 강이 되어 바다로 가는
그대, 사랑이다.

한 떨기 꽃이 되어

이내 영혼 고이 담은 한 떨기 꽃이 되어
구름을 밟듯이
한 올 한 올 켜는 음률따라 피어날 때

고즈넉이
햇살 가득 투명한 꽃잎의 날개에 머물다
금의 꽃술 찍힌 꽃받침의 품속에 잠긴다.

샛별 박힌 열매의 눈도 채 아물지 않은 꿈길에서

텅 빈 들녘끝 피어오른 향은
꿀벌이 전하는 항아(姮娥)의 소식이련가.

도라지꽃

태백산 운무 속
하늘과 맞닿은 곳

흰 빛이 정갈한 옷 갈아입고
두 손 모아 합장한 듯
마음 속 깊이 간직한 꽃망울도
살포시 터뜨린다.

별빛 모아 이슬 내린 새벽녘
설움 깊은 돌무덤가에 홀로 피고지고.

국화

먹을 갈아
파도 치니
바위틈에 엉킨
한 줄기 서릿발도 첫 눈속에 희다.

묵향 번지는 여백 뒤로
태초의 산맥같은 짙푸른 잎맥이 돋고

그대 바라보던
가슴시린 눈망울도
점점 박힌 꽃술이 되어 향그럽다.

수련

안개숲 헤치고 가면
연못도 등불을 켠다.

녹음진 먹빛 잎사귀에 숨긴 심장,
봉우리를 위한 꽃불을 밝힐 때

황금빛 별의 꽃술은
마르지 않는 젖샘의 심지를 북돋운다.

난(蘭)

고요함이 꽃이 되어
품위가 맑다.

천 길 벼랑 끝
하늘 높이 홰치는 잎사귀,
함초롱 이슬 맺힌 영혼의 꽃망울도
붓 끝에 서린
한 점 향기 되어 날아오른다.

매화

백학봉에
눈꽃이 피어 눈부신 새벽녘

차가움이 꽃이 되어
영혼이 순수하다.

고목의 휜 가지 끝에 걸린
달무리도 스러진 듯
항아의 미소만이 꽃술 가득 아련하다.

대[竹]

천년 설움 마디마디 풀어낸 듯
대바람 속에 되살아난다.

텅 빈 가슴으로
하늘빛 우주를 통한 숨소리도
대밭에 이는 영혼의 울림도
한 가닥 진양조로 듣는
젓대 소리 한(恨).

송(松)

바람 한 끝 달린 절벽이다.

하늘에 몸을 맡겨
바위 틈에 뿌리박은 넋으로 지샌 천년의 터다.

구름이 넘나드는 푸른 솔잎도 찬 눈발에 씻긴 채

남은 건 오직 뼈와 백골 뿐.

청령(蜻蛉)

여명의 순간
빛은 불의 씨앗이 서로 비벼대는
촉각을 곤두세우고
바다의 창을 두드린다.

우주를 보는 큰 눈,
허공을 뚫는 투명한 날개는 구름을 고이 접었다 폈다
하얗게 요동치는 꽃잎처럼 들녘에 누웠다
메마른 땅을 밟고 우뚝선
장대 끝에 앉아
영원의 창을 바라본다.

느티나무

느티나무 그늘 아래

붉은 가슴 타오르다 또 태워 한줌 재,
분가루 핀 그루터기에서 나온 옹이도
얽히고 설킨 한(恨) 푸는 삶이다.

휘몰아치는 태풍 속 잉태된 용목(龍目)의 숨

넋과 마음이 머무는 한 그루
나도 느티나무가 된다.

은행나무

마주 보고 선 두 그루
빛과 어둠 사이
맨발이어도 좋다.

마지막 벗어던진 건 노란 깃털

뼈 시린 입김으로
별 헤던 동공이 깊다.

바람의 길 따라
풍화된 화석.

봄노래

이것은 바람의 조화
별처럼 푸른 이끼, 점점 박힌
씨앗의 태동 같은 두근거림

좀 더 깊이 숨쉬는 가슴 속 울림까지
듣고 간
산울림 한 자락도 바람 끝에 실었다.

솔숲 사이 겹겹
씨줄과 날줄의 선율
대지의 영혼을 깨우는 그의 목소리다.

그대 품 안에 움트는
들숨과 날숨의 조화,
그대 손길 같은 따스한 빛을 위해
새벽길을 홀로 떠났다.

가을

이제 가을의 햇살이다.
활짝 편 가슴 위로 겹친 능선들이 서로 물드는
그리움의 끝자락이다.

한 잎 우려낸 감록차의 온기,
기다림 끝에 마주한 얼굴인 양 가을빛이 곱다.

대지 위에 쪼아대는 금빛 부리로 삶을 일구고
들녘 끝 하늘과 맞닿은 지평선까지

가을 바람에 여문 알곡의 진실을 위해
심장의 붉은 열매도
석양빛에 물들어간다.

절후(節候)

한 잔의 차를 대한 건

청명(淸明)과 곡우(穀雨) 사이
삶을 음미하는 구름 한 잎의 첫물차다.

곡물이 눈뜨는 흙의 정기
누렇게 여문 보리 이삭의 숨,
뿌리의 맥을 위한 망종(芒種)이다.

소금빛 서리꽃으로 덮인 상강(霜降)의 들녘 끝
창에 어린 달그림자 따라
후천을 꿈꾸며

마지막 넘긴 동지(冬至)의 긴 어둠을 뚫고
백설로 뒤덮인 새벽길
처음 가는 길이다.

밤송이 까기

다람쥐가 굴린 도토리 몇 알 흩어진 기슭

가시로 뒤덮인 등껍질 부순 뒤
갈색 겉껍질의 반질한 감촉,
얇은 표피의 떨떠름 맛 장막을 걷고

알밤 안으로 들어갔다.

뽀얗게 우려낸 안개 속
개울 물소리에 여문 속살이 등을 켠다.

녹두꽃 필 무렵

노오란 녹두꽃이 피던 시절
어머니는
꽃술처럼 가녀린 호롱불 심지를 돋우고
밤새도록 길쌈을 하셨다.

굴참나무 숲을 회돌아간
눈이 노란 소쩍새는
목이 쉬도록 밤새 울었다.
둥지엔 솜털난 일곱 마리 아기새

마을어귀 장승 너머
솔숲에 걸린 샛노란 보름달도 기우는 때.

화제리에서

낙동강 끝자락에
구름 싣고 떠가는 나룻배 한 폭,
흰 날개깃 펴는 두루미 한 쌍도
바람 끝에 몸을 실었다.

우물가에 터를 닦아
조릿대, 둥굴레 심구고
석류꽃 필 무렵
오솔길 따라 정담 나누던 얼굴들
으름 덩굴 사이로 익어가는 여름 한 철이다.

저 편 딸기밭 돌아
용봤다 소리치는 목소리,
또 하나의 영혼을 위한 간절함으로
고개들어 바라본 하늘가
오봉산의 모성어린 품 안에 서있다.

쑥향이 날리듯

언 땅의 심장을 뚫고
천년의 몸짓으로 피워 올린 들꽃

한 줌 흙에서 태어나
초승달의 눈썹을 품고 있다.

밭고랑 패인 가슴
애끊는 쑥대머리 장단에 풀어헤친 한(恨)도
떳떳하게 살다간
웅녀의 후손으로 남을 이름 되어

봄물 흐르듯
우주의 마르지 않는 샘, 솔이끼 덮인
돌우물가 하늘빛 영혼되어
한 조각 홑씨의 돛으로 떠돌다

수평선 끝 남극으로 날아오른다.

3

별들의 속삭임

별들의 속삭임

별들은 속삭임으로
영혼이 화합하는 순간을 기다린다.

골 깊은 솔숲의 향기
구름을 감싼 새의 깃털이 날려 은빛 맑은 밤에
옛 기억 속 한 조각 별이 되어
그대 품 안에 깃든 우주의 샘,
일곱 송이 별이 베푼 신의 자비다.

뭇별의 시선과 불꽃의 소용돌이 속에 휘감긴
빛의 회귀,
그믐달과 샛별이 박힌 심장으로 선 채
인연으로 이어진 별자리의 끈을 따라
북두칠성에서 와서 다시 칠성계로 돌아간다.

첫눈

이제 침묵의 시간 속으로 떠날 때

둥근 달도 구름을 접어 감긴 채 달무리진 보름이다.

텅 빈 계절의 여정 끝에
순결한 씨앗의 입김을 담아 퍼붓는 공간 속
첫 눈발은 북쪽 바람을 타고 온다.

평생 살아온 흔적, 살아갈 흔적이 하나가 되어
서로 뒹구는 눈보라 속
동리마다 별꽃이 된 영혼끼리 겹쳐
싹튼 눈꽃 위로 포갤 때

삶의 모서리,
우주의 안과 밖에서 스스로 깨우치기 위해
그대 안의 음표와 내 안의 쉼표가 만난다.

숲

녹차 잎을 세고 싶다.
한 잎 두 잎 살아나는 여린 잎의 숨결 가득한 숲
배추잎 노오란 깃을 펼치는 나비의 꿈도
두루 펼친 하늘 가득 구름밭이다.

황금빛 달의 화원에서 지샌 밤,
지리산의 한 자락에 안기고 싶다.
접힌 미역귀를 흔드는 검은 바다보다 더 깊은
줄무늬 나이테로 감긴 숲
그것은 뿌리 깊은 터의 물결이었다.

일심으로 부르는 태을주는 신선한 공기다.
나무의 수액, 미풍 속 섞인 숨과 숨들의 조화
뼈 속 깊이 묻힌 그들의 얼, 영혼의 목소리다.

눈 속에서

창 밖엔 눈이 쌓일 것이다.

비탈진 숲도 초가 지붕, 풍화된 돌담도
깃 해진 옷도 모음 자음이 결합된 언어,
진실을 삼킨 가슴도
백지처럼 하얘질 것이다.

우주 안에 잉태된 생명체도 하얗다
새로운 삶은 그저 눈 속에 갇혀 있다.

믿음이 다할 때까지.

눈꽃

눈꽃이 핀 산기슭
은색 나뭇가지도 칡덩굴도
휘어진 은으로 칭칭 감긴 채
영원의 눈을 바라본다

천국이 열린 문인지
닫힌 시간, 공간인지 모를 경지
삶과 죽음의 절정을 넘어선
한 영혼의 떨림
그윽한 울림의 아리아는
소리없는 산울림이 되었다.

촛불

솔향이 다 탈 때까지
그의 기도는 계속될 것이다.

불의 심장 그 꽃잎이 다 탈 때까지
지구 안의 모든 세포 마디마디 숨과 숨이 닿도록
심지의 뿌리를 돋울 것이다.

그대 품 안에 고인 샘이 녹아 흘러 다 마를 때
갈고 닦은 저 알곡 속 영혼들도 누렇게 익을 것이다.

시를 남긴 지구인

때로 그가 그리울 것이다.
한 줄의 시를 남긴 미지의 지구인

인연의 끈을 늦춰 노젓는 강가에서
뻐는 바람에 묻고
영혼과 심장은 달의 봉우리에 뿌린다.

오는 때를 기다리는 사람들,
제 한도에 돌아닿는대로 도수(度數)대로
열린 문을 통해
행성을 잇닿은 돌섬과 얼음벽,
수평으로 두른 목성의 테를 지날 것이다.

그는 우주 안 핵을 찾아 지축을 바로 세우고
가슴 속 중심축을 흔드는
노란 깃발 같은 삶,
행복에 젖은
가을 들녘의 삶을 기억할 것이다.

백의관음(白衣觀音)을 보고

첩첩 다진 산맥 속 능가산 기슭

산중의 능선을 펼친 폭포수,
용소를 뚫고 메아리 치는 물결 위
한 떨기 연꽃의 자태로 떠오른다.

숲을 가르는 깃털보다 가벼이 날아올라
눈동자의 빛을 움직이는 순간
작은 파문을 백지 위에 그린다.

한 영혼의 숨적신 숨,
호리병을 든 흰 손길과 맞닿은 생명의 손길로
삶의 절정 안에 뿌려지는 감로수다.

주름진 옷자락의 여백 위
눈꽃 같은 꽃잎이 흩날린다.

우주인

그의 뜻에 따라
물 속의 오색 입자들이 춤추는 구슬

빛으로 휘감긴 소행성과 잇닿은 위성의 띠를 감고 태어나
한 조각 별이 되어 떠도는 우주의 숲

검은 깃발의 머리털을 휘날리는 견우의 성에서
들꽃의 향에 젖어
형체를 알 수 없는 우주 밖의 우주를 그린다.

영혼과의 독백을 위해
그대의 요람과 둥지 사이 오가는 길,
샛별 찾는 하얀 쪽배도
녹음진 은하수의 강을 노저어간다.

앎

그대 영혼 호젓이
눈꽃이 되어 날리면 눈부실까.

가슴 속 흩뿌린 깃털의 기억 저편
별과 별자리의 온기와
대지의 건반 위에 와닿는 첫 감촉의 울림 같은
온음과 반음의 조화

궁궁을을(弓弓乙乙)
씨앗의 눈이 떠지는 그 순간의 감응,
중앙은 음양 속 태을인가.

기도

그것은 잊혀진 페이지의 한 구절이었다.

가을 바람에 스치는 문풍지의 떨림 같은 숨
눈을 감아 그 숨결을 들이킬 때

산그림자 드리운 석탑의 고요 속
한 영혼을 위한 기도는
그의 삶에 주어진 만큼
한 웅큼 뿌려진 빛과 씨앗의 자유를 그린다.

푸른 싹이 돋는 훍의 새벽,
한 땀 한 땀 키워가는 대지의 손길로
음양이 빚는 신선한 훍치의 조화다.

미지수를 찾아

바람도 줄기도 없이
머리를 맞대고 세포분열을 한다.

윤회 속 인연의 꼬리들이 줄서는 울 없는 마당에서
삶과 죽음의
연결고리를 푸는 셈처럼

그대와 더불어 살아남는 마지막 미지수가 있다.
그 진실을 스스로 터득하기까지

감사의 암호인가
사랑의 기호인가
때로 음양 속 합덕된 태을인가.

의(義)

봉우리를 우러러

이끼 한 점 찍힌 검푸른 획과 여백 사이
그의 의리(義理)가 살아있다.

붓 끝이 설렌 건
바위 틈 서린 백옥빛 난초의 고요

그 절정 안에 감춘 건 천지의 도(道)다.

웅숭 깊은 장독

산새도 멱감는 깃푸른 숲 속 샘골터

장독을 어루만지는 빛의 손길로
서리서리 맺힌 옹이 풀어낸다.
해묵은 장맛 그 질박한 손맛이 펼쳐낸
풍물 같은 멋

흙벽 두른 항아리 속에 띄운 건
잘 익은 대추 몇 알
그 대추씨로 점박은 옷, 흑점 무늬 옷 걸친 사람들이
잔물결 위 춤추듯 떠오른다.
고구려 벽화 속
달무리진 거문고 가락에 맞춰
긴 팔을 들어 옹기 속 달을 잡는다.

천 년 약속을 지키기 위한 몸짓인가.

살아남기 위해

들판 가득 떠도는 입자

붉은 띠를 감고 태어나
독을 풍긴다.

닿을 수 없는 거리두기

담벼락을 타고 오른 능소화,
먼발치에 선 그대에게
차마 잡지 못한 손을 흔든다.

동굴 속으로

달이 동굴 속으로 들어왔다.

검은 빛 흰 빛으로 가르는 우주의 창,
종유석이 자라는 천장 가득
별무리가 쏟아진다.

달맞이꽃 밟으며
강강술래 돌다 핀 석순(石筍)도
삐죽 솟아오를 때

지축이 바로 선 석주(石柱)의 등 뒤로
달무리진 숲이 보인다.

외줄타기

이제 가야할 때

땅 끝에 서서
길없는 길,
보이지 않는 줄을 허공에 걸고
청운(靑雲)보다 높이 솟아
살포시 지르밟는 외씨버선

어릿광대의 탈을 쓰고
이승과 저승 사이

홀로
날아오른다.

새로 가는 길

꽃잎은 다섯 장
오행(五行)의 불을 켜는 손가락으로
고치실을 뽑아내는 실안개
겹겹 포갠 꽃술, 향 뿜는
숲으로 들어갈 때

수액에 취한 나무뿌리에서
이끼 낀 팔을 내뻗는 우듬지까지

자유보다 높이 치솟는 키
우주를 담아
새순을 피워올리는 나이테의 목숨 같은
봄빛이 열릴 때

새로 가는 길
마음의 눈을 밝힌다.

붓 끝에 품은 바다

수평으로 가르면 물과 하늘이 한 빛

대각선으로 잇닿은 섬은
담묵빛 돌병풍의 가슴을 펼친다.

단층의 뼈 마디마디 아로새긴 불꽃,
시조새의 몸짓같은 붓끝이 휘적신 자리
파도는
달의 알을 품는다.

집념의 발돋음으로 홀로 선 바위섬에서
삶과 죽음이 맞닿은 길
바닷길이 열리는 갈매빛 등대섬까지

천리향으로 휘감긴 섬기슭
묵향 번진 여백이 깊다.

한 알 더

먹빛 어둠을 헤치고
백옥의 새알을 깨치는 새벽

북치는 리듬에 맞춰
한 알 더 마음을 심는 동지(冬至)의 바램으로
아으 동동다리

태양의 부활이 시작되는 절후(節候),
건곤감리(乾坤坎離)
태극기 펄럭이는 여명의 날에

새알심 동동 떠오른다.

무당벌레

함초롱 풀숲의 가슴 위로 떨어져
뒹구는 붉은 꽃,
일곱 별이 검게 탄 등딱지

발길 닿는대로
오색 구슬 되어 떠돌다
삶의 빈 칸을 채울 눈동자,
촉각 세운 더듬이로 짝을 찾는다.

나뭇가지 끝에 매달린 한 점,
활짝 편 딱지 날개의 무지개 타고
태양을 향해 솟아오른다.

4

고인돌 위에 뜬 별

고인돌 위에 뜬 별

정지된 시간
돌무지 위에 쌓인 건 뼈가 아닌 별똥별

별의 씨앗 같은 꽃씨들이 눈을 떠
한 땀 한 땀 키우는 길
얼음을 뚫는 너도바람꽃
한 점 티끌도 없이 땅을 밟는다.

돌 위에 묵묵히 내려앉은 고인돌,
머무를 둥지도 다다를 끝도 없이 가는 길목
한 줌 흙으로 사라졌다 다시 돌아오는 길이다.

유화(柳花)

해모수(解慕漱)의 눈에 비친
버들의 꽃

버들가지 휘적신 압록강가에서
불그레 흩날린 꽃이삭 같은 햇살을 품고
잉태된 빛으로 감싸인
황금빛 알을 낳았네.

동트는 새벽
알에서 깨어난 아들에게
싸리로 활을 만들어 지혜를 가르쳤네.

강바람 속 들려오는 새소리는
오곡을 전한 모성의 목소리인가.

웅녀(熊女)의 꿈

겨우내 눈 덮인 밤의 지붕
빛도 바람도 없이 홀로 숨쉰다.

언 땅을 뚫고 솟아난 쑥 잎사귀
기지개 켜듯
경칩(驚蟄)의 숨결로 눈 뜬다.

쑥차 연기 감도는 동굴 속
웅녀(熊女)의 꿈을 펼치는 순간
촛대봉 시린 설움도
돌고드름 눈물 되어 꽃으로 피어난다.

신단수(神壇樹) 그늘 아래
마늘빛 속살이 초롱등을 켠다.

길

길을 걸었다

샛노랗게 익어가는 이삭들이 출렁대는 길
한 줌 금싸라기 닮은 파편들이
심장 가까이 속삭이듯 다가온다.

지금은 대지의 꿈을 펼치는 시간

한 옥타브 높은 하모니로 열리는
금빛 향연 속으로 빠져드는 빛의 영혼들

돌고 돌아가는
태고의 수레바퀴 안에서
씨앗은 씨앗을 낳고
별은 또 하나의 별을 위해 숨 죽인 채
일심줏대 손잡고 걸어가는
천지의 길이다.

비

그의 등 뒤로 뿌리는
빗줄기의 선율이 살아있다.

어디선가 들려오는
그대 닮은 목소리로 미지의 현을 켜듯
이었다 끊기며 공기를 긁어대는 저 풀벌레 울음 같은
가을밤
빗소리의 여음을 기억하는가.

영혼의 갈증을 채우는 마지막 시구처럼
끊임없이 삶과 죽음을 이어주는
빗소리
쏟아 붓는 비의 음향이 끝난 뒤
이제 침묵할 때다.

울돌목이 보이는 창가

열린 창가에
구겨진 하얀 종이, 눈처럼 흰 바다의 침묵
그 속에 별의 씨앗같은 검푸른 반점이 흩어진다.
미처 읽지 못한 거북 등껍질의 토씨들이
깨어나고 있다.

회돌고 돌아도 빈 자리
양수(羊水)의 공간 속에
홀로 태아처럼 웅크리고 있는가.

가시돋친 등엔 누군가의 삶,
해를 품은 용처럼
그 붉은 눈빛으로 충절을 빛내며
수억겁의 울돌목을 홀로 전진하는 거북선

또 하나의 새로운 새벽이 오기까지
굽이치는 소용돌이 속
긴 역사의 책장을 덮었다.

대양의 빛을 뿌리는 소금가루,
바다새의 깃털들,

해인(海印)을 찍는 첫 일출의 기억처럼
가슴 속 피어나는 꽃
죽음의 벼랑 끝에 핀 영혼의 꽃, 그 환희여.

땅

대지의 침묵을 깨운 건
실처럼 가는 숨결의 봄비,
빈 백지 위에 한 줌 뿌려진 시구처럼
촉각을 세운 씨앗의 절기에

풀은 낮은 곳으로부터 돋아나고
바람과 돌, 이끼는
그 뜻을 감춘 가슴으로 지키고
참꽃은
함초롬 머금은 꽃비되어 길을 비춘다.

흙에서 흙으로
오십토 정기받아
천지조화 풍부하니
이내 몸도 소천지련가.

때로 날알을 줍듯이
붉은 심장의 열매를 거두는 절후다
땀흘린 그들을 위해 되살린 넋을
보드라운 흙내음 충만한 뿌리에게.

솟대에 걸다

허공에 떨군 종소리

별을 위한 단 하나의 외침

세상 끝까지
영혼을 사르다 울부짖는 새는
누구를 지킴인가.

달무리진
솟대 끝 볍씨 한 알.

안개

잇고 풀리는 무명 실타래 같은 업
천년의 업으로 풀어헤친 한(恨)
몇 올이 속눈썹에 감겼다.

때로 기억하는가
직녀의 흰 손길로 켜는
전설의 베틀 노래를
은하수 물결 아래 아롱지는 목소리,
삶과 죽음의 매듭을 푸는 신비의 태을주다.

때로 보았는가
태초의 아침바다에 펼쳐지는 장관을
그것은 은비늘 파닥이는 무수한 은어떼다.
그 영원의 흐름을 위해
희열하듯 부서지는 무의 바다여.

아, 새로운 시작이다.

신농(神農)

동트는 새벽 강가에서
생명의 젖줄을 찾아 삶의 목을 축이네.

태양이 머리 위에 떴을 때
신농씨는 장을 열었다네.

소의 뿔과 큰 눈,
어진 심성을 가진 그는
쟁기로 땅을 일구고
나무를 구부려 만든 자루에 알곡을 담아
서로 나누었네.

붉은 채찍을 휘둘러
백초를 맛본 그는 죽은 듯이 쓰러졌다
다시 깨어나곤 했네.

산그림자 드리운 저녁,
너른 바위에 앉아 홀로 기다리면
약초 달인 연기 속으로 초승달이 떠오르네.

달하

달하 노피곰 도다샤

이제 가슴 속에 등불을 켤 때다.

돌의 굳은 심장으로 선 채
가을 찬 이슬로 씻긴 이끼 낀 옷자락도
마디마디 혼 담아 합장한 그 손길도

유유히 노 저어가듯
천추의 물결 위에 그대 숨결을 띄우면
단 하나의 설렘으로 충만한 밀물이다.

어긔야 머리곰 비취오시라.

강가에서

강가에서 기다리면
꽃가루 내린 수면 위 불씨의 눈동자들

강물에 비친 산과 산협의 그림자 따라
윤회 속 삶의 여정을 따라
빙해를 뚫고 새벽을 거슬러간
연어 떼들이 돌아올 때다.

강물이 켜는 영원의 음률로 흐르다
홰치는 번개의 기슭,
그 불을 품은 황금알이 깨어나기까지
굽이굽이
달빛의 현(絃)을 따라 노 저어갈 때

대숲 사이 비낀 한 겨레의 얼이 깃든 강을 돌아
검룡소의 용이 꿈틀대는 밤,
잔별이 가라앉는 은하수의 푸른 강물이 쏟아진다.

잘 삭히는 게

갓 틔운 보리싹
눈 뜨는 촉각으로 손을 뻗는다.

뽀얀 낟알도
가슴 속 붉은 옹이도
잘 삭히는 엿기름
진실을 주워 담는 검은 옹기 속

고요한 물결 위
죽음보다 깊이 빚어낸 숨결로
잔별 되어 떠오를 때

줄기도 고막도 없이
허물 벗는 영혼의 씨앗들.

유배지에서

초당(草堂)에 봄비 내린다.

꽃심지 켠 불, 촛농 떨구듯
동백꽃 지는 소리

닫힌 사립문 틈새 끼워 둔 서신 한 통,
대숲 떨친 거문고 가락도 젖어든 삼경(三更)에

먹물 적신 숨결로
일 획의 얼이 치솟는 벼랑 끝

뒤틀린 뼈대로 선 채
북향으로 팔 뻗치는 노송(老松) 한 폭.

西來峯(서래봉)

白月西峯上(백월서봉상)
姮娥雪衣冬(항아설의동)
神宮靈臺暈(신궁영대훈)
覺道內藏鐘(각도내장종)

서래봉

서래봉 위의 하얀 달
항아는 눈으로 짠 옷을 걸친 겨울
신명을 모신 영대는 빛무리에 감긴 채
내장산의 종소리 그 안에 감춘 도를 깨우치네.

金山寺(금산사)

九龍深澤彩虹新(구룡심택채홍신)
修基一心奉鼎眞(수기일심봉정진)
母岳山淸風白月(모악산청풍백월)
三神聖父子身人(삼신성부자신인)

금산사

아홉 용이 사는 깊은 연못 무지개빛이 새로워라
일심으로 터를 닦아 솥을 봉안했네
모악산에 부는 맑은 바람 밝은 달이 떠오르니
성부 성자 성신 삼위일체 하느님이 인간으로 오셨네.

臨鏡臺(임경대)

空心臨鏡水溶溶(공심임경수용용)
一片孤雲回五峯(일편고운회오봉)
墨客詩人思閣上(묵객시인사각상)
仙遊幽處杳然蹤(선유유처묘연종)

임경대

임경대를 대하니 텅 빈 가슴 강물은 출렁출렁
홀로 떠가는 조각구름 오봉산을 회도네
묵객 시인은 누각에 기대 그리워하나
신선이 노니는 그윽한 선경 그 자취는 아득할 뿐.

心(심)

山峽靄然澗影玄(산협애연간영현)
忽思天地裏心先(홀사천지리심선)
乾坤人用於心統(건곤인용어심통)
明德觀音笑把蓮(명덕관음소파련)

마음

산골짝 깊은 안개 산골물 그림자 오묘한데
홀연 천지 전 마음이 존재함을 생각하네
하늘 땅 사람의 쓰임이 모두 마음에 있다면
덕을 밝혀 보고 들음이 연꽃 들어 미소짓는 그 뜻이리라.

任(임)

山水深幽訪道根(산수심유방도근)
求吳之潔白靈魂(구오지결백영혼)
仙逢呂洞賓求應(선봉여동빈구응)
我任天尊意解冤(아임천존의해원)

맡김

산수는 깊고 그윽해 도의 근원을 찾아가나
나의 맑고 흰 심령에게서 구함이 있네
여동빈은 신선을 만나 구하면 필히 응함을 깨쳤으니
우리는 상제님의 뜻에 맡겨 해원하리라.

金剛山(금강산)

地角天厓一步坤(지각천애일보곤)
靈峯造化萬形魂(영봉조화만형혼)
道通皆骨金剛應(도통개골금강응)
仙境蓬萊楓嶽元(선경봉래풍악원)

금강산

깎아지른 절벽 끝 한 걸음 돌아드니
신령스런 봉우리 만물의 형상을 이룬 한 영혼이라
도통은 개골 금강에 응기되었으니
선경은 봉래 풍악이 으뜸이라.

秋日(추일)

秋葉蕭蕭雨竹青(추엽소소우죽청)
秋爲義寂峽雰冷(추위의적협분령)
陰陽合後存天道(음양합후존천도)
生死中收藏處靈(생사중수장처령)

가을날

가을 잎새 우수수 비적신 대 푸릇푸릇
가을은 의리인데 안개낀 산골짝은 서늘하다
음양이 서로 합한 연후 천도가 있으니
생사 중 거두어 감출 곳은 심령인가.

七星歌(칠성가)

空山煙霧綠茶馨(공산연무록다형)
銀漢晶晶照七星(은한정정조칠성)
混沌三神創有象(혼돈삼신창유상)
圍圓一氣匿無形(위원일기닉무형)
天中星座循環祕(천중성좌순환비)
地裏種芽生滅寧(지리종아생멸녕)
北斗命緣聯福出(북두명연련복출)
陰陽合德返精靈(음양합덕반정령)

칠성의 노래

텅빈 산 녹차 달인 연기 사이 피어오른 향
은하수 초롱초롱 일곱 별을 비추이네
혼돈 속 삼신은 보이는 형상을 지어내고
원의 궤도 속 일기는 보이지 않는 형상을 감추네
하늘 중 별자리의 운행이 비밀스러운데
땅 속 종자의 싹은 생멸이 편안하네
칠성계에서 명과 복의 연을 잇닿아 태어나
음양 합덕된 신비로운 영으로 돌아가네.

|해설|

자연을 통한 한국적 정서탐구와 설화적 상상력

강 경 호
(시인, 문학평론가)

|해설|

자연을 통한 한국적 정서탐구와 설화적 상상력

-최혜령 시집 『그리운 금강산』

강 경 호
(시인, 문학평론가)

1.

최혜령 시인의 사고의 축은 전통성에 맞춰져 있다. 그러므로 축을 통해 가동되는 그의 사고 체계는 전통적 관념이 모세혈관처럼 짜여있다. 전통적 관념이란 우리 선조들이 오랜 시간 축적해 온 도교 · 불교 · 유교 · 증산교가 담고 있는 사상과 역사성이라고 할 수 있다. 이러한 관념은 우리의 의식 속에 얼마간 다분히 여러 가지 형태로 배어있는데 최혜령 시인 또한 사고의 틀은 기본적으로 전통에 기대고 있다.

특히 그의 전통적 관념은 이번 시집에서 주로 자연을 시적 소재로 삼아 시를 형상화하고 있는 것이 특징이다. 섬과 산, 그리고 바다, 도라지꽃 등 식물성 이미지, 별 · 눈 · 숲이 그것들이다. 그리고 유년 · 고인돌 · 유화 등 설화적인 요소를 시에 끌어들인 경우도 있어 주목된다.

최혜령 시인의 시편들은 거개가 형식이 짧다. 그렇지만 그의 시편들은 다양한 이미지들을 변주하고 있어 행간에 많은 메시지와 정서가 투사되어 있다. 물론 그것들은 전통과 관념의 정서를 새롭게 해석하고 있다.

2.

서정시는 동양과 서양을 망라해 자연을 모방한다는 원칙을 두고 작품 속에 시적 제재로 즐겨 사용하였다. 특히 동양에서는 고대로부터 자연을 가까이 하는 삶과 함께 늘 자연은 완상의 대상이어서 주된 시적 모티브였다. 그것은 자연의 생태적 특징을 우러르며 닮고자 했는데 자연은 언제나 그 자리에서 변치않으며, 우주적 섭리에 순응하는 사물이기 때문이다. 이는 자연을 숭배하며 인간보다 더 높은 지경으로 인식한 까닭이다. 그러나 인간은 근대에 이르러 산업혁명을 통해 기술문명을 발전시키면서부터 자연을 물질로 인식하고 소비대상으로 삼으며 여러가지 문제를 일으키고 있다.

신선봉 돌아들 때
선녀의 옷깃이 나부끼듯 연꽃잎도 깃을 연다.

한 겨레 얼이 서린 열두 폭 가슴인데
굽이굽이 저며오는
저 물줄기는
오일 십일 열고 닫는 진주알이 총총하다.

금강은 영산이라,
일만이천 봉봉이도 비쳤으니
옥부용을 깎아낸 듯 도통 군자 품속인 듯
빼대는 개골(皆骨),
영혼은 제 흥에 겨워 속 뚫린 혈망봉도 절로 응기된다.

비상천의 만폭동 천길 은하수라.
아, 옥 무지개 걸어둔 시선(詩仙)의 자취인 양
봉래풍악원화동천(蓬萊楓嶽元化洞天)이라

운무 속 보덕암도 한 폭의 산수인가.

-「그리운 금강산」 전문

일만이천 봉을 지닌 금강산이 영산임을 노래하고 있는 이 작품은 금강산이 어떻게 영산인지를 시적묘사를 통해 요목조목 밝히고 있다. "신선봉 돌아들 때/선녀의 옷깃이 나부끼듯 연꽃잎도 깃을 연다."고 하는데, 화자는 실제로 금강산에 다녀간 듯 말하고 있다. 몇 해 전까지만 해도 금강산 관광이 가능했기 때문이다. 화자가 다녀왔을 금강산은 이제 갈 수 없는 상황이라서 '그리운 금강산'이라고 하는 것으로 유추해 볼 수 있다. 그럼 금강산은 우리 민족에게 어떤 의미가 있는가. "한 겨레 얼이 서린 열두 폭 가슴"이라고 한다. 우리 민족의 정신이 깃든 산이라 "굽이굽이 저며오는/저 물줄기"에서 보듯 한 민족이지만 분단으로 가지 못함을 노래하고 있다.

화자는 직설적으로 금강산을 영산이라고 부르며, "일

만이천 봉봉이" "옥부용을 깎아낸 듯" 정교하고 "빼대는 개골(皆骨)"이라 한다. 그러므로 "영혼은 제 흥에 겨워 속 뚫린 혈망봉도 절로 응기된다."고 금강산의 아름다움을 찬한다. 뿐만 아니라 "비상천의 만폭동 천길 은하수"라 하며 만폭동을 은하수로 비유하며 금강산이 영산임을, 그리고 우리 민족의 정신이 투사된 영산임을 간파한다. 그리고 "옥 무지개 걸어둔 시선(詩仙)의 자취"라고 하는데, '봉래풍악원화동천(蓬萊楓嶽元化洞天)'이라며 금강산의 제일가는 풍경을 만폭동 너럭바위에 새긴 조선 전기의 문신으로 금강산의 아름다움을 노래한 양사언을 시선(詩仙)으로 추켜세운다. 이 작품은 어쩐지 옛사람들의 정서가 흐른다. 그리고 '연꽃잎', '보덕암'이 암시하듯 불교적 정서가 묻어난다.

다음 작품은 바다를 바라보며 시인 내면의 목소리를 들려준다.

소나무 그늘 아래 펼쳐진 바다

파초잎 날개 사이로 떨군
빗방울의 시구들도 파도치듯 부서진다.
쪽빛 가슴에서 그 푸른 수평선까지

무지개 피고 진 섬기슭 저편
천년 돌틈 사이 조각구름 피어나듯
묵향 깊은
삶의 여백을 위해 숨죽인 시간,

그리움 맞닿은 곳으로
철새가 날아오른다.

-「여백을 위해」 전문

한국화에서 '여백'은 매우 중요하다. 아무런 색채가 칠해지지 않았지만, 그러나 그 여백은 빈[空] 것이 아니어서 가득차 있다. 시각적으로는 비어있지만, 의미나 정서가 배태되어 있기 때문이다. "소나무 그늘 아래 펼쳐진 바다"에서 보듯 소나무는 어쩌면 절벽 위에 있는 것일지도 모른다. 그 아래 바다가 펼쳐져 있을 것이기 때문에 바닷가 어디메에 커다란 파초가 있고 그 아래 바다에서는 "빗방울의 시구들도 파도치듯 부서진다." 또한 "쪽빛 가슴에서 그 푸른 수평선"의 바다가 펼쳐져 있다. 수평선 어디께 "무지개 피고 진 섬기슭 저편", "천년 돌틈 사이 조각구름 피어나듯/묵향 깊은/삶의 여백"이 있다. 시인이 묵화 풍경을 바라보고 있는지 실제의 소나무와 수평선 바다, 조각구름이 피어나는 섬 풍경을 바라보는지 명확하지 않다. 그런 것 상관없다. 화자는 "묵향 깊은/삶의 여백을 위해 숨죽인 시간." 즉 "그리움 맞닿은 곳"을 마음속으로 기대한다. 여기에서의 삶의 여백은 한국화 속에서의 여백처럼 "묵향 깊은" 담백하고 그리운 시간이며 공간이어서 마음속에 꿈꾸어보는 풍경이다. 이 작품에서도 '소나무', '파초', '무지개', '묵향', '그리움', '철새'에서 보듯 한국화의 풍경과 정서가 투사되어 있어, 이것들이 화자가 그리워하는 여백을 위한 장치로 작용하고 있다.

「여백을 위해」에서처럼 「섬」 또한 그 전경이 '바다'이거나 '섬'이다.

섬과 섬 사이를 노 저어갈 때
흰 돛을 올린다.

하늘과 맞닿은 수평선,
은비늘 퍼덕이는 어망 가득 삶의 무게로
소금빛 새벽을 여는 어부의 창이 보인다.

검은 톳의 머리털로 휘감긴 섬기슭에 닿아
살포시 닻을 내려 긴 물살을 접을 때

동굴 속 울려퍼진 소라고둥의 메아리 저편

산호초 그늘 아래 숨겨놓은
진주의 알이 있다.
용궁 속 해인(海印)의 조화로 잉태된 영혼.

-「섬」 전문

이 작품은 "용궁 속 해인(海印)의 조화로 잉태된 영혼"을 노래하고 있다. 여기에서 해인(海印)은 '우주의 모든 것을 깨달은 부처의 지혜'거나 '법(法)을 관조함이 마치 바다가 만상(萬象)을 있는 그대로 나타내는 것 같음'을 의미하는 불교용어로 '부처의 조화로 잉태된 영혼'을 말한다. 화자는 "섬과 섬 사이를 노 저어" 가고 있는데 이는 바다를 삶의 터전으로 삼은 화자가 고단한 삶을 살아가고 있음을 말한다. 그것은 바다 위에 있는 섬은 늘 불안한 공간으로 인간의 삶은 언제나 불안하고 고된 것이기 때문이다. 그러므로 어부에게 어망 가득 물고기를 잡는 일이 "삶의 무게"로 느껴지는 것은 당연하다. 그러므로 바다는 새벽에 나서는 어부의 창일 수밖에 없다. 어부는 그 바다에서 "검은 톳의 머리털로 휘감긴 섬기슭에 닿아/살포시 닻을 내려 긴 물살"을 만난다. '물살'이 섬을 휘감고 돌고 있어 어부에게 '물살'은 생을 이끌어주는 힘이면서도 위협하는 힘이기도 하다. 그런데 섬이 "산호초 그늘 아래" "진주의 알"을 숨겨놓은 것은 "용궁 속 해인(海印)의 조화로 잉태된 영혼."이라는 화자의 인식 때문이다. '모든 것을 깨달은 부처의 지혜' 같은 진주를 '깨달음에 이르는 영혼'으로 인식하는 것은 섬이라는 공간이 해인의 조화로 잉태된 영혼을 간직하고 있음을 말한다. 관념의 뛰어넘는 상상력을 통해 섬의 의미를 새롭게 하고 있다.

3.

앞에서는 자연을 소재로 삼은 작품들 중 산 · 바다 · 섬 등 커다란 의미의 자연을 형상화한 것들로 인간의 삶의 현장이랄 수 있다. 그러나 이번에는 '꽃'을 소재로 한 시편들로 인간은 흔히 아름다움의 비유로 '꽃'을 드는데 이 시집에서는 꽃이라는 사물에 대한 시인의 감정을 보여준다.

태백산 운무 속
하늘과 맞닿은 곳

흰 빛이 정갈한 옷 갈아입고
두 손 모아 합장한 듯
마음 속 깊이 간직한 꽃망울도
살포시 터뜨린다.

별빛 모아 이슬 내린 새벽녘
설움 깊은 돌무덤가에 홀로 피고지고.

-「도라지꽃」 전문

도라지꽃의 이미지를 새롭게 해석하고 있다. "태백산 운무 속/하늘과 맞닿은 곳"은 옛이야기 속 신선이나 살 것 같은 세속을 떠난 공간이다. 더구나 그곳은 온통 안개와 구름이 덮여 산과 하늘의 경계가 없는 곳이니 지상이면서도 하늘인 곳이다. 그곳에 "흰 빛이 정갈한 옷 갈아입고/두 손 모아 합장한 듯"한 모습을 한 도라지꽃이 피어있다. 이러한 서사만 보아도 시인의 정서를 짐작해 볼 수 있다. 예로부터 신선은 인간세계가 아닌 깊은 산중의 신령한 존재로 등장한다. 그것도 안개나 구름이라는 자연현상을 통해 존재를 신비롭게 한다. 흔히 텃밭이나 산에서 쉽게 볼 수 있는 도라지꽃을 "하늘과 맞닿은 곳"에 등장시킴으로 더욱 비밀스럽게 한다. 뿐만 아니라 하얀 옷을 입고 두 손 모아 합장한 듯한 모습이 예사롭지 않음을 보여준다. 특히 "별빛 모아 이슬 내린 새벽녘/설움 깊은 돌무덤가에 홀로 피고지고."에서 보듯 "돌무덤"가에서 누군가를 잊지 못해 피었다 지고 있는 모습이 슬프게 느껴진다.

「국화」 또한 관념을 뛰어넘어 의미를 새롭게 한다.

먹을 갈아
파도 치니
바위틈에 엉킨
한 줄기 서릿발도 첫 눈속에 희다.

묵향 번지는 여백 뒤로
태초의 산맥같은 짙푸른 잎맥이 돋고

그대 바라보던
가슴시린 눈망울도
점점 박힌 꽃술이 되어 향그럽다.

-「국화」 전문

고전적인 국화의 관념은 오상고절(午霜孤節)이 말해주듯 서리 내린 추운 날에도 절개를 지키며 피어있다는 의미로 읽혀졌다. 그러다가 최근에는 죽음을 애도하는 꽃으로 의미가 변했다. 그렇지만 최혜령 시인의 국화는 전통적 정서를 담아내면서도 새로운 정서로 국화를 노래한다.

이 작품 속의 시어를 보면 '먹', '서릿발', '묵향', '여백' 등에서 먹을 갈아 사군자를 치던 옛 선비들의 모습이 연상된다. 이것만 놓고 볼 때는 매우 고전적이면서도 오늘의 시점에서 보면 진부한 느낌이 든다. 그러나 "먹을 갈아/파도 치니"에서 보듯 국화의 이미지를 '파도친다'는 표현에서 힘이 느껴지고 "한 줄기 서릿발도 첫 눈속에 희다."에서는 단호하고 강렬한 이미지를 드러낸다. 또한 "묵향 번지는 여백 뒤로/태초의 산맥같은 짙푸른 잎맥이 돋고"에서 '태초의 산맥'이 매우 신선하면서도 우리가 기억하는 국화의 관념을 새롭게 이미지화한다. '산맥'과 '잎맥'의 '맥'이 반복되면서 국화의 의미를 강하고 뚜렷하게 각인시켜주는 작용을 한다. 1,2연에서 화자가 마치 먹으로 사군자의 하나인 국화를 치는 듯한 수법으로 이미지를 그려내다가 마지막 연에서는 마치 그림으로 그려놓은 국화를 바라보는 시선으로 "그대 바라보던/가슴시린 눈망울도/점점 박힌 꽃술이 되어 향그럽다."고 한 발자국 뒤로 물러서서 국화를 완상하는 태도가 신선하다.

꽃을 바라보는 시인의 시선은 이번 시집의 꽃을 노래한 시편에서 기존의 관념을 깨고 새로운 인식을 드러낸다.

안개숲 헤치고 가면
연못도 등불을 켠다.

녹음진 먹빛 잎사귀에 숨긴 심장,
봉우리를 위한 꽃불을 밝힐 때

황금빛 별의 꽃술은
마르지 않는 젖샘의 심지를 북돋운다.

-「수련」 전문

이 작품 또한 수련을 먹으로 그리는 듯한 느낌이 든다. "녹음진 먹빛 잎사귀에 숨긴 심장,"이 바로 그 대목이다. 수련의 잎새는 실제로는 푸르지만 "녹음진 먹빛"이라고 했기 때문인데, 잎새의 생김새가 심장의 모습(하트)인 것에서 착안한 까닭이다. 그럼으로써 '수련'은 의인화되어 하나의 생명체가 되고 있다. 이 작품은 대부분 시각적 이미지를 적용시켜 그린 것이어서 마치 눈으로 보는 듯한 이미지로 다가온다. "안개숲 헤치고 가면/연못도 등불을 켠다."에서 보듯 안개를 헤치고 가면 수련꽃을 '등불'로 비유하여 화자는 '꽃불'을 밝혔다고도 한다. 수련꽃을 들여다보며 화자는 "황금빛 별의 꽃술"을 보며 '꽃술'이 "마르지 않는 젖샘의 심지를 북돋운다."며 벌이나 나비를 불러 모으기 위해 꽃불을 밝힌 것으로 이는 또다른 생명들을 위한 배려를 하고 있는데, 그러므로 이 작품은 생명성을 강조한다.

4.

자연을 노래한 최혜령 시인의 시편들에서 우주적 감응을 드러내는 작품들이 시세계의 한 축을 차지한다. 이는 최혜령 시인의 정신세계의 일면을 보여주는 것으로 북두칠성과 칠성계 등 비교적 낯선 언어를 통해 시인의 우주적 상상력을 드러낸다. 그리고 '숲'과 '눈'이라는 생태적 요소와 자연현상에서도 시인은 우주적 감응을 통해 영혼의 목소리를 듣기도 하고 우주에 잉태된 생명의 모습을 구현한다.

별들은 속삭임으로
영혼이 화합하는 순간을 기다린다.

골 깊은 솔숲의 향기
구름을 감싼 새의 깃털이 날려 은빛 맑은 밤에
옛 기억 속 한 조각 별이 되어
그대 품 안에 깃든 우주의 샘,
일곱 송이 별이 베푼 신의 자비다.

뭇별의 시선과 불꽃의 소용돌이 속에 휘감긴
빛의 회귀,
그믐달과 샛별이 박힌 심장으로 선 채
인연으로 이어진 별자리의 끈을 따라
북두칠성에서 와서 다시 칠성계로 돌아간다.

-「별들의 속삭임」 전문

서정시의 상상력은 시적 개성과 함께 정신적 깊이를 탐구한다. 최혜령 시인의 상상력은 별이 우주에 떠 있어 인간의 손으로는 닿을 수 없는 영역이지만, 영혼이 화합하는 형이상학적인 지경을 바라본다. 그런 까닭에 그의 시편들은 우주적 세계를 보여준다. "별들은 속삭임으로/영혼이 화합하는 순간을 기다린다."고 한다. 영혼의 호흡은 서정시가 추구하는 동일성에 맞닿아 있다. 동일성은 하나가 된다는 의미이며 분열이 아닌 화합이므로 자아와 세계의 하나됨이기도 하다. 그런데 별은 우주에만 떠 있는 것이 아니어서 사람의 마음 속에도 깃들어 있다. 소나무 숲의 향기가 향그러운 하늘엔 별들이 은빛으로 빛나는 밤 "옛 기억 속 한 조각 별이 되어/그대 품 안에 깃든 우주의 샘,"은 "일곱 송이 별이 베푼 신의 자비"이기 때문이다. 이렇듯 "그대 품 안에 깃든 우주의 샘,"은 북두칠성이 베픈 것으로, 화자는 별을 바라보고 "불꽃의 소용돌이 속에 휘감긴" 되돌아오는 빛을 바라본다. 최혜령 시인의 시적 상상력은 우주의 별들이 서로 인연으로 이어진 끈이 연결되었다는 것인데, 이렇게 이어진 인연은 영혼의 화합을 위한 것으로 이것이 평안을 염원하는 마음일 것이다. 이 작품은 시인의 우주적 상상력이 낯설어 독자들마다 작품을 다양하게 해석할 수 있어 주목된다.

「숲」 역시 개성있는 상상력이 돋보인다.

> 녹차 잎을 세고 싶다.
> 한 잎 두 잎 살아나는 여린 잎의 숨결 가득한 숲
> 배추잎 노오란 깃을 펼치는 나비의 꿈도
> 두루 펼친 하늘 가득 구름밭이다.
>
> 황금빛 달의 화원에서 지샌 밤,
> 지리산의 한 자락에 안기고 싶다.
> 접힌 미역귀를 흔드는 검은 바다보다 더 깊은
> 줄무늬 나이테로 감긴 숲
> 그것은 뿌리 깊은 터의 물결이었다.
>
> 일심으로 부르는 태을주는 신선한 공기다.
> 나무의 수액, 미풍 속 섞인 숨과 숨들의 조화

뼈 속 깊이 묻힌 그들의 얼, 영혼의 목소리다.

-「숲」 전문

작품의 전경에 숲이 펼쳐있다. 하늘엔 구름이 가득하다. 화자는 "황금빛 달의 화원에서"에서 밤을 지새웠다. 그런데 "지리산의 한 자락에 안기고 싶다."고 한다. 즉 숲에 들고싶다는 것인데, 숲은 "접힌 미역귀를 흔드는 검은 바다보다 더 깊은/줄무늬 나이테로 감"겨 있고, "그것은 뿌리 깊은 터의 물결이"다. 이 작품은 현란할 정도의 비유로 인해 생경한 이미지와 의미를 낳고 있다. 특히 2연에서 "황금빛 달의 화원"은 달이 뜬 밤에 바라보는 숲을 의미하는데 '황금빛'이라는 색채이미지가 몽환적인 정서를 자아낸다. 그리고 "줄무늬 나이테로 감긴 숲" 또한 대상과 대상 사이의 거리가 멀어 낯설게 다가온다. 이렇듯 참신한 시어들을 통해 시인은 숲의 이미지를 새롭게 정립한다. 그리고 "일심으로 부르는 태을주는 신선한 공기"라는 표현도 매우 낯설다. 태을주(太乙呪)는 증산도에서 병과 재난을 방지하기 위한 주술로 그 태을주를 신선한 공기라고 한다. 특정종교를 알지 못하면 쉽게 이해하기 힘든 경우이다. 마지막 연에서 "나무의 수액, 미풍 속 섞인 숨과 숨들의 조화/뼈 속 깊이 묻힌 그들의 얼, 영혼의 목소리"는 설명적인데, 숲속의 내밀한 조화를 숲이 지닌 얼이며 영혼의 목소리라고 한다. 숲속의 나무들의 생명활동인 나무의 수액과 미세하게 내쉬고 들이마시는 숨들의 조화가 생명의 근본임을 말해준다. 그저 숲일 뿐인데 그것들이 살아가는 모습에서 우주적인 세계를 모색하고 있다.

「눈 속에서」는 눈[雪]이 지닌 '하얗다'의 색채이미지를 통해 순결과 정화의 의미를 묘파하고 있다.

창 밖엔 눈이 쌓일 것이다.

비탈진 숲도 초가지붕, 풍화된 돌담도
깃 해진 옷도 모음 자음이 결합된 언어,
진실을 삼킨 가슴도
백지처럼 하얘질 것이다.

우주 안에 잉태된 생명체도 하얗다
새로운 삶은 그저 눈 속에 갇혀 있다.

믿음이 다할 때까지.

-「눈 속에서」 전문

'눈[雪]'의 문학적 상징은 '순결', '백치', '정화', 그리고 사물의 근원을 의미한다. 그러므로 눈이 내려 지상의 모든 색채를 덮어서 지우는 것을 '죄사함'이라고도 한다. 인간들의 사는 지상은 순결하지 못하는데 하늘에서 하얀 눈이 내려 그것들을 덮는다는 인식이다. 이러한 것을 전제로 쓴 이 작품은 순결한 세상을 꿈꾸고 있다.

눈이 내려 "비탈진 숲도 초가지붕, 풍화된 돌담도/깃 해진 옷도 모음 자음이 결합된 언어,"라고 한다. 모음과 자음의 결합은 완성을 말한다. 이렇듯 음양의 이치로 사물들을 바라보는 시선에는 순결함이 투사되어 있다. 그 순결함은 마침내 "백지처럼 하얘질 것이다."는 믿음이 있다. 이는 하얀 색채가 모든 사물의 때묻지 않은 근원이며 본질이어서 화자는 보다 근원적인 진실을 바라보게 되는데, "우주 안에 잉태된 생명체도 하얗"고 "새로운 삶은 그저 눈 속에 갇혀 있다."는 결론에 이른다. 그러므로 모든 사물이 모음과 자음이 만남으로써 완성되는 것처럼 눈도 지상의 티끌을 만났을 때 빛나며 순결해지는 것이다. 결국 시인은 이 작품을 통해 세상의 때묻은 마음을 정화시키고자 하는 것이다. 즉 순결한 생명성을 꿈꾸는 것이다.

5.

앞에서 살펴본 최혜령의 시편들은 모두 '자연'을 소재로 한 작품들이다. 이들 작품에서 자연의 아름다움과 한국적 정서가 투사된 풍경에서 여백의 아름다움을 발견해내기도 하고 꽃의 이미지를 그린 작품들에서는 꽃의 새로운 이미지와 생명성을 탐구한다. 그리고 별과 눈, 숲을 노래한 작품들에서는 우주적 감응을 드러냄으로써 본래 자연이 지닌 본성 뿐만 아니라 시인 자신만의 새로운 세계를 보여준다.

그리고 최혜령 시인의 시적 세계는 또다른 축으로 설화적 상상력을 참신하게 펼쳐보인다.

겨우내 눈 덮인 밤의 지붕
빛도 바람도 없이 홀로 숨쉰다.

언 땅을 뚫고 솟아난 쑥 잎사귀
기지개 켜듯
경칩(驚蟄)의 숨결로 눈 뜬다.

쑥차 연기 감도는 동굴 속
웅녀(熊女)의 꿈을 펼치는 순간
촛대봉 시린 설움도
돌고드름 눈물 되어 꽃으로 피어난다.

신단수(神壇樹) 그늘 아래
마늘빛 속살이 초롱등을 켠다.

-「웅녀(熊女)의 꿈」 전문

이 작품의 배경은 우리 민족의 어머니인 곰이 쑥과 마늘을 백일 동안 먹고 여자로 탄생하였다는 설화이다. 그러므로 때는 아득한 "겨우내 눈 덮인 밤의 지붕/빛도 바람도 없이 홀로 숨"쉬는 태고적이다. '눈 덮인 밤의 지붕', '빛도 바람도 없'는 에서 보듯 겨울, 즉 생명들이 잠든 시간이다. 그러다가 마침내 "언 땅을 뚫고 솟아난 쑥 잎사귀" "경칩(驚蟄)의 숨결로 눈" 뜨는 봄이 왔다. 이때 "쑥차 연기 감도는 동굴 속/웅녀(熊女)의 꿈을 펼치는 순간"은 신화속 어머니가 세상에 태어나는 시간이다. 그러므로 화자는 "신단수(神壇樹) 그늘 아래/마늘빛 속살이 초롱등을 켠다."며 우리 민족의 기원을 그린다.

이 작품은 우리가 다 아는 신화여서 내용적인 면에서는 뻔한 이야기다. 그러나 웅녀가 탄생하는 과정을 아주 참신하게 말하고 있어 새롭다. 특히 "언 땅을 뚫고 솟아난 쑥 잎사귀"를 통해 강인함을, 그리고 "쑥차 연기 감도는 동굴 속"에서는 웅녀가 되기 위해 쑥과 마늘을 먹었다며 동굴을 아주 실감나게 그리고 있다.

「고인돌 위에 뜬 별」에서는 죽음조차 새로운 생명의 숨결을 불어넣는다는 측면에서 「웅녀(熊女)의 꿈」에서 웅녀가 사람으로 태어나듯, 「고인돌 위에 뜬 별」에서도 죽음이 끝이 아니라 새로운 생명으로 태어남을 노래한다.

정지된 시간
돌무지 위에 쌓인 건 뼈가 아닌 별똥별

별의 씨앗 같은 꽃씨들이 눈을 떠
한 땀 한 땀 키우는 길
얼음을 뚫는 너도바람꽃
한 점 티끌도 없이 땅을 밟는다.

돌 위에 묵묵히 내려앉은 고인돌,
머무를 둥지도 다다를 끝도 없이 가는 길목
한 줌 흙으로 사라졌다 다시 돌아오는 길이다.

-「고인돌 위에 뜬 별」 전문

주지하다시피 '고인돌'은 선사인의 무덤이다. 청동기

시대의 유물인 고인돌은 그 절반이 넘는 숫자가 우리나라에 분포하고 있다 한다. 시인은 우리 주변에 널려있는 고인돌에서 '정지된 시간'을 본다. 죽은 자가 묻혀있는 무덤이기 때문이다. 시간이 정지되었어도 몇천 년 동안 "돌무지 위에 쌓인" "별똥별"을 바라본다. 별빛이 죽은 자의 무덤에 내려쬠을 인식한 화자는 "별의 씨앗 같은 꽃씨들이 눈을" 떴다고 인식한다. 때로는 "얼음을 뚫는 너도바람꽃"이 불기도 했지만 정지된 시간이기 때문에 별빛이 내리고 바람이 불어도 "묵묵히 내려앉은 고인돌,"은 그저 그 자리에서 "머무를 둥지도 다다를 끝도 없"다.

수천 년 전 죽어 고인돌에 묻힌 선사인은 그저 죽음으로 소멸되는 것이 아니라 "한 줌 흙으로 사라졌다 다시 돌아"온 것이니 그저 뼈가 아니라 별똥별이 생명으로 살아온 것이다.

「유화(柳花)」 또한 신화를 배경으로 하고 있다.

> 해모수(解慕漱)의 눈에 비친
> 버들의 꽃
>
> 버들가지 휘적신 압록강가에서
> 불그레 흩날린 꽃이삭 같은 햇살을 품고
> 잉태된 빛으로 감싸인
> 황금빛 알을 낳았네.
>
> 동트는 새벽
> 알에서 깨어난 아들에게

싸리로 활을 만들어 지혜를 가르쳤네.

강바람 속 들려오는 새소리는
오곡을 전한 모성의 목소리인가.
-「유화(柳花)」 전문

주지하다시피 유화(柳花)는 하백(河伯)의 딸로 고구려를 세운 주몽의 어머니이다. 해모수(解慕漱)는 천제의 아들로 주몽의 아버지이다. 해모수가 오룡거를 타고 지상에 내려와 하백의 딸인 유화와 결혼하여 알을 낳았다. 마굿간에 버려졌다가 알에서 주몽이 태어났다. 이러한 건국신화의 배경을 가진 이 작품은 이름이 버들꽃[柳花]이듯 유화의 이름에서 느껴지는 정서를 시 속에 끌어들여 "버들가지 휘적신 압록강가에서/불그레 흩날린 꽃이삭 같은 햇살을 품고/잉태된 빛으로 감싸인/황금빛 알을 낳"는다고 한다. 난생설화 속의 주몽과 유화의 모습이다. 이후 "동트는 새벽/알에서 깨어난 아들에게/싸리로 활을 만들어 지혜를 가르쳤"다는 신화를 노래한다. 그런 까닭에 주몽(朱蒙)은 활을 잘 쏘는 사람이 되었다. 2천년 전 고구려 건국신화를 생각하는 화자는 오늘 "강바람 속 들려오는 새소리"에서 "오곡을 전한 모성의 목소리인가." 묻는다. 즉 유화가 처음 낳은 것이 알인 까닭에 강바람 속에서 새소리가 들려온다고 한다. 그리고 어머니가 아들을 위해 오곡을 전한 것이 모성성이 지극했기 때문이며 강바람에 들려오는 새소리가 어머니의 목소리일 것이라고 생각한다.

살펴보았듯이 우리의 신화나 고인돌에 관한 옛이야기를 시적 상상력을 통해 그리고 있는 것이 매우 신선하게 느껴진다.

최혜령 시집

그리운 금강산

초판 발행 | 2021년 4월 10일

지은이 | 최 혜 령
펴낸이 | 강 경 호
인쇄 · 기획 | 도서출판 시와사람
등록 | 1994년 6월 10일 제 05-01-0155호
주소 | 광주시 동구 양림로119번길 21-1(학동)
전화 | (062)224-5319
팩스 | (062)225-5319
E-mail | jcapoet@hanmail.net

ISBN978-89-5665-596-3 03810

값 10,000원

*잘못된 책은 바꾸어 드립니다.

공급처 ■ 한국출판협동조합

경기도 파주시 탄현면 오금리 202번지
주문전화 (02)716-5616, 070-7119-1740